MUST READ | **BOEKANALYSE**

AF166046

Skull Island

• • • • • • • • • • • • • • • • • •

ANTHONY HOROWITZ

BOEKANALYSE

Geschreven door Elena Pinaud
Vertaald door Nikki Claes

Skull Island

· ·

ANTHONY HOROWITZ

ANTHONY HOROWITZ

ENGELSE SCHRIJVER

- **Geboren in 1955 in Londen**
- **Enkele van zijn werken:**
  - *The Maltese Falcon* (1986), roman
  - *The Killer Photo* (2005), korte verhalen
  - *Sherlock Holmes is dood. Lang leve Moriarty* (2014), roman

Anthony Horowitz is een Engelse schrijver, geboren in 1955. Hij is de auteur van meer dan veertig romans, vertaald in vele talen, en is een wereldberoemd schrijver. Hij is vooral bekend om zijn jeugdliteratuur, met fantasyverhalen (zoals *Skull Island* en het vervolg, *Cursed Grail*, 1995) en misdaadromans (zoals *The Maltese Falcon* en *Public Enemy No. 2*, 2014), die altijd gekenmerkt worden door wendingen en een humoristische stijl. Hij schreef ook romans voor volwassenen, zoals *Moriarty* (2014), het vervolg op de avonturen van Sherlock Holmes, en scripts voor televisieseries als *Hercule Poirot* (1991-2002) en *Inspecteur Barnaby* (1997-2000).

Zijn werk heeft literaire prijzen gewonnen: de Polar-Jeunes prijs in 1988 voor *Le Faucon malté*, de Europese Kinderromanprijs in 1993 voor *L'Île du crâne* en de Grand Prix des lecteurs du magazine *Je bouquine* in 1994 voor *Devine qui vient tuer* (1991). In januari 2014 ontving hij de Honorary Medal of the Order of the British Empire voor "diensten aan de literatuur".

SKULL ISLAND

EEN MODERN SPROOKJE VOL HUMOR

- **Genre:** fantasieroman
- **Referentie-uitgave:** *L'Île du crâne,* vertaald uit het Engels door Annick Le Goyat, Parijs, Le Livre de Poche Jeunesse, 2014, 192 blz.
- **1e druk:** 1988
- **Thema's:** magie, fantasie, tieners, school, vampiers, tovenaars

Gepubliceerd in 1988, is *The Skull Island* (*Groosham Grange* in de originele versie) een soort modern fantasiesprookje met een vleugje absurde humor. Het is het verhaal van een 12-jarige jongen, David Elliot, die erin slaagt ouderlijke en schoolse obstakels te overwinnen en zichzelf op te bouwen als tiener, met de hulp van een hele reeks vreemde personages.

De ironische schrijfwijze, de aanwezigheid van symbolen, de fraaie toespelingen op de hedendaagse samenleving en het levendige ritme van de dialogen geven de tekst een zere rijkdom. *Het eiland van de schedel werd* in 1993 bekroond met de Europese kinderromanprijs van de stad Poitiers.

SAMENVATTING

GROOSHAM GRANGE: DE SCHOOL VAN DISCIPLINE

Aan het eind van het eerste semester van het schooljaar komt de 12-jarige David Eliot thuis met een zeer slecht rapport en extreem negatieve opmerkingen van zijn leraren. In een brief wordt zijn ouders medegedeeld dat hij van school is gestuurd, "wegens voortdurend en opzettelijk socialisme" (p. 14). Zijn moeder, mevrouw Eliot, wou dat ze geen zonen meer had. Zijn vader, woedend, denkt nostalgisch terug aan de straffen die zijn eigen vader hem vroeger oplegde als hij niet aan zijn verwachtingen voldeed: hij ziet zichzelf "aan zijn voeten opgehangen in de koelkast" (p. 10). "In mijn jeugd wist ik wat discipline betekende […] De zweep! Dat is wat ze missen", roept hij over de kinderen van vandaag (blz. 19). Verontwaardigd door deze slechte resultaten, stort hij zich met een mes op zijn zoon: meegesleept door zijn momentum, steekt hij zijn vrouw neer voordat hij met zijn rolstoel over haar heen rijdt en in de open haard belandt. David maakt van de situatie gebruik om in zijn slaapkamer te schuilen.

De volgende dag zegt meneer Eliot tegen zijn vrouw dat hij wil dat hun zoon echte discipline leert. Op dat moment leek een brief zijn wens te vervullen. Het was een brief van Groosham Grange College die aanbood om de kinderen discipline bij te brengen. Daar kent het schooljaar slechts één vakantie per jaar en omdat de school op een eiland staat, kunnen de leerlingen niet weglopen.

David moet onmiddellijk vertrekken naar deze mysterieuze kostschool. Onderweg ontmoet hij Jeffrey en Jill, ook van school gestuurd en binnenkort kostgangers op Groosham Grange College. De drie tieners, depressief en achterdochtig over het idee zich aan te sluiten bij deze vreemde school, sluiten een pact om elkaar te helpen: ze zullen elkaar steunen en proberen zo snel mogelijk te ontsnappen. Een ontmoeting met een priester in hun coupé wekt hun argwaan over Groosham Grange: de man wordt bang en valt flauw als hij de naam van hun school hoort. En met reden: het is in feite een school voor hekserij.

Bij aankomst op het station worden de kinderen opgewacht door Gregor, de schoolchauffeur die hen naar school moet begeleiden. Hij brengt ze naar een boot in een oude lijkwagen. In de haven neemt kapitein Baindesang, de veerman, hen onder zijn hoede. Het eiland van de schedel maakt vooral indruk door zijn wilde bossen en zijn ontoegankelijke kliffen. Ook de architectuur van het schoolgebouw is vreemd: het is gebouwd in een verrassende mengeling van religieuze, administratieve en ornamentele stijlen.

EERSTE MYSTERIES

Zodra hij aankomt, wordt David naar het plaatsvervangend schoolhoofd, Mr. Kilgraw, gestuurd. Hij wil de jongen verzekeren dat zijn school een opleiding biedt die "de stoutste dromen" van de leerlingen te boven gaat, en dat de faculteit "anders" is (p. 55). Hij vertelt David dat hij "de zevende zoon van de zevende zoon" is en dat "dit [hem] bijzonder maakt" (*ibid.*). Ondertussen wordt David gedwongen zijn naam in een register te schrijven met zijn bloed, wat hem beangstigt, evenals het feit dat hij Kilgraw niet kan zien weerspiegeld in de grote spiegel in zijn kantoor. Dit gevoel van angst wordt nog versterkt wanneer hij zich realiseert dat de andere studenten, die allemaal dezelfde zwarte ringen dragen als Kilgraw, verschijnen met namen die niet overeenkomen met die op hun uniformlabels. Toch gaan de lessen vrij goed.

David, die zich verbaast over de aard van de school, merkt een reeks vreemde feiten op: meneer Leloup bewaart een dode duif in zijn kastje; de keuken lijkt op een biologielaboratorium en 's nachts verdwijnen de andere leerlingen spoorloos. Later realiseert hij zich dat het onderwijzend personeel bestaat uit fantastische wezens: meneer Kilgraw, de leraar Latijn, is een vampier; meneer Creer, de leraar modelleren, is een ondode; meneer Leloup, de leraar Frans, is een weerwolf; juffrouw Pedicure, belast met de Engelse lessen, en mevrouw Windergast, de huishoudster, zijn heksen.

Vastbesloten om bewijs te krijgen, gaat David het kantoor van de heer Kilgraw, de adjunct-directeur, binnen en verbrandt zich bij contact met een zwarte ring die in een lade wordt bewaard. Kilgraw betrapt hem op heterdaad en vertelt hem dat hij teleurgesteld is over zijn gedrag en zijn rebelse geest. Hij hoopt dat David op een dag de school kan accepteren zoals hij is.

Teruggestuurd naar mevrouw Windergast om zijn brandwond te laten behandelen, krijgt David een zalfje aangeboden om hem beter te laten slapen. Die nacht droomt hij dat hij met alle kostgangers en leraren van het college in een grot

Kerstmis viert met lekker eten, dansen en lachen. Daar ziet hij dat zijn vriend Jeffrey een zwarte ring krijgt van mr. Kilgraw. De volgende ochtend stelt hij vast dat meneer Kilgraw vijandig is, niet meer stottert en een zwarte ring om zijn vinger draagt.

POGINGEN OM TE ONTSNAPPEN

Geschrokken schrijft David een brief aan zijn vader waarin hij hem vraagt hem van de universiteit te halen, omdat hij denkt dat de leraren hem in een zombie willen veranderen. In ruil daarvoor belooft hij zijn vaders droom om hem op te volgen als Bank of England te vervullen. De jongen, geholpen door Jill die verschillende pogingen heeft gedaan om van het eiland te ontsnappen, besluit ook flessen de zee in te sturen met daarin hulpkreten. Een van hen wordt onderschept door het Ministerie van Onderwijs, dat onmiddellijk een inspecteur naar het eiland stuurt. De inspecteur was aanvankelijk onder de indruk van Groosham Grange. De school is op de hoogte gebracht van zijn komst en heeft zich zorgvuldig voorbereid op zijn bezoek: de inspecteur wordt uiteindelijk door juffrouw Pedicure vermoord met een wassenbeeld van zichzelf.

Mr. Kilgraw en zijn collega's besluiten dat het tijd is dat David een gesprek heeft met de schoolhoofden. Zijn insubordinatie verstoort hun plannen om hem een van hen te maken en de tijd dringt: ze willen David op zijn dertiende verjaardag kennis laten maken met magie. Als de jongen weigert, moet hij sterven. Wanneer de tiener het kantoor binnengaat van mr. Fitch en mr. Teagle, de schoolhoofden, ontdekt hij dat zij in werkelijkheid één en dezelfde man met twee hoofden zijn. Als hij ze ziet, valt hij flauw.

Uit angst dat hij in een zombie zal veranderen, besluit David twee dagen later, op zijn dertiende verjaardag, te ontsnappen. Hij slaagt erin Baindesang's boot te stelen en van het eiland weg te komen.

Terug op het droge gelooft niemand zijn verhaal over de heksen van Groosham Grange. Om meer te weten te komen over wat hij zojuist heeft meegemaakt, gaat David naar de bibliotheek waar hij het boek *Black Magic in Britain ontdekt*, dat hem veel informatie geeft over de heksen, hun inwijding en de Groosham Grange Academy of Witchcraft.

Op weg uit de bibliotheek ziet David de schoolchauffeur, Gregor. Om aan hem te ontsnappen, gaat de jongen naar de stadskermis en stapt op een spooktrein. Wanneer de trein uit de tunnel komt, beseft David dat hij op de klippen van Skull Island staat. Hij is al jarig. Hij kan er niet meer aan ontsnappen.

DE WERELD VAN DE HEKSERIJ

Jill verschijnt en vraagt hem haar te volgen. Ze onthult aan David dat ze allebei, omdat ze het zevende kind van een zevende kind zijn, speciale krachten hebben en dat de leraren hen alleen willen leren hoe ze die moeten gebruiken. Samen gaan ze door de spiegel van de bibliotheek en bevinden zich in de grot waarvan David met Kerstmis had gedroomd. Jill draagt een zwarte ring: David begrijpt dat ze net 13 is geworden, en dat deze ring haar inwijding in de hekserij symboliseert. Omringd door leraren en studenten staat David voor een dilemma: accepteren dat hij zijn oude identiteit vergeet en een heks wordt of gedood worden. De keuze is snel gemaakt.

Terug voor zijn eendaagse vakantie met zijn familie, bevriest David, geërgerd door zijn ouders, hen voor drie weken met een toverspreuk. Dan zegt hij nog een spreuk om een *milkshake* voor zichzelf te maken, en zegt tegen zichzelf dat hij zeker zal slagen voor zijn magie-examen.

KARAKTERSTUDIE

DAVID ELIOT

David is een zeer eenzame bijna 13-jarige. Onbegrepen door zijn leraren en ouders, heeft hij zes zussen die het huis al hebben verlaten. Hij is "klein voor zijn leeftijd en erg dun" (blz. 9), met "bruin haar, blauwgroene ogen [en] sproeten" (blz. 9-10). Gebrek aan zelfvertrouwen vindt hij zichzelf "klein en lelijk" (p. 10). Gevoelig en intelligent, "bezit hij een […] sterk karakter, [een] geest van onafhankelijkheid" (p. 73) die ertoe leidde dat hij van de openbare school werd gestuurd waar zijn ouders hem hadden ingeschreven. Zijn gevoel voor rechtvaardigheid en vrijheid weerhield hem ervan zich aan te passen aan de "stomme regels en voorschriften" van de school (p. 13). Op Groosham Grange bewijst hij een goede leerling te zijn. Alleen tegen alle verwachtingen in met zijn vriendin Jill, toont hij moed en doorzettingsvermogen. Hij voelt dat de leraren en leerlingen een duister geheim verbergen, aarzelt niet om risico's te nemen om te ontdekken wat ze voor hem proberen te verbergen en leidt een nauwgezette – en gevaarlijke – zoektocht naar de waarheid. Dit zal er uiteindelijk toe leiden dat hij zichzelf ontdekt en zijn ware aard aanvaardt: hij is in feite een tovenaar met grote krachten.

EDWARD EN EILEEN ELIOT

Davids ouders zijn twee karikaturale figuren, gemeen en schijnbaar ongevoelig voor alles. De vader, in een rolstoel als gevolg van zijn misbruik in zijn jeugd – dat hij in zijn domheid gerechtvaardigd en heilzaam vindt – is zowel verbaal als fysiek mishandeld. De moeder, een drinkster, is onderdanig aan haar man en steunt hem in zijn gezagsuitoefening. Dit blijkt uit hun behandeling van hun zoon: ze onthouden hem het diner en Kerstmis, luisteren niet en nemen een autoritaire houding aan. Er is geen verandering in het verloop van het verhaal.

JILL

Jill is een jong meisje op de rand van haar 13e verjaardag. Op dezelfde dag als David naar Groosham Grange gestuurd, wordt ze meteen zijn bondgenoot. Ze heeft een "rond jongensachtig gezicht, [...] kort bruin haar en blauwe ogen" (p. 31). Verwaarloosd door haar altijd afwezige ouders, is ze vindingrijk en onafhankelijk. Haar rebelse aard heeft ertoe geleid dat ze van twee openbare scholen is weggelopen en van de derde school is gestuurd. Ze is vastbesloten te ontsnappen van Skull Island, "zwemmend [...] als het moet" (p. 32). Eenmaal op het eiland, oplettend, dapper en vastberaden, blijft ze zoeken naar manieren om de school te verlaten en onderzoekt ze samen met David wat daar werkelijk aan de hand is. Op haar verjaardag, geconfronteerd met de waarheid over haar heksachtige aard tijdens de inwijdings-ceremonie van de school, houdt ze op zich te verzetten tegen de wereld van de magie.

JEFFREY

Net als de twee vorige personages is Jeffrey bijna 13 jaar oud en voldoet hij niet aan de verwachtingen van zijn ouders.

Bovendien maakt het feit dat hij hebzuchtig, ingepakt en stotterend is hem een bevoorrecht slachtoffer van spot, behalve op Skull Island, waar alle verschillen worden geaccepteerd. Hij is geen sterk personage, want hij geeft snel toe aan de duistere plannen van de leraren van Groosham Grange.

GREGOR

Gregor is de chauffeur op Groosham Grange College. Hij is een gebochelde, misvormde en vreselijk lelijke figuur die trouw zijn werkgevers dient en de leerlingen van de school die hij zijn "meesters" noemt (p. 43). Bij zijn bezoek aan de school feliciteert de inspecteur van het Ministerie van Onderwijs Kilgraw na zijn ontmoeting met Gregor: "De Academie is zeer gevoelig voor de tewerkstelling van gehandicapten." (p. 120)

MR. KILGRAW

De conrector en leraar Latijn is eigenlijk een vampier die bang is voor zonlicht. David vindt hem erg oud en net zo kadaverachtig en armoedig als zijn kantoormeubilair. Het is Kilgraws taak om te pleiten voor zijn college en zijn collega's. Hij is ook belast met het werven van nieuwe leerlingen en het uitvoeren van inwijdingsrituelen: hij doodt degenen die weigeren in de magie te worden ingewijd en maakt degenen die ermee instemmen onsterfelijk.

SLEUTELS TOT HET LEZEN

EEN PRACHTIG MODERN VERHAAL

De narratieve kenmerken van het sprookje

Skull Island is in veel opzichten een sprookje.

- **Het verhalende schema.** De opbouw van het verhaal volgt die van een vertelling:

  - **de beginsituatie:** dit is het begin van het verhaal, het moment waarop de setting wordt bepaald en de personages worden voorgesteld; de situatie is evenwichtig, d.w.z. er is geen reden om te veranderen.

    ‣ David is een kind dat verkeerd begrepen wordt door zijn ouders en een eenzame en onvervulde jeugd heeft;

  - **het verstorende element:** dit is een gebeurtenis die de beginsituatie verstoort en het verhaal zelf op gang brengt.

    ‣ Hij werd van school gestuurd naar Groosham Grange op Skull Island;

  - **de wendingen:** dit zijn de gebeurtenissen die worden veroorzaakt door het storende element en die leiden tot de actie(s) van de held om het probleem op te lossen.

    ‣ Vanaf zijn aankomst op het eiland tot zijn ontsnapping heeft David verschillende avonturen beleefd, zoals zijn nachtelijke bezoek aan de school met Jill (wanneer alle andere leerlingen verdwenen zijn) of zijn inbraak in het kantoor van mr. Kilgraw waarbij hij zich verbrandt met de zwarte ring van het adjunct-hoofd voordat hij wordt betrapt;

- ○ **de ontknoping:** deze maakt een einde aan de gebeurtenissen en leidt tot de eindsituatie.
  - ‣ David wordt op magische wijze teruggebracht naar het eiland en komt na een inwijdingsceremonie terecht in de wereld van de hekserij;
- ○ **de eindsituatie:**
  - ‣ David vervult zijn rol als tovenaarsleerling.
- **de personages.** Ook de personages en hun relaties brengen het verhaal dichter bij een sprookje. Er zijn:
  - ○ **een held:** David;
  - ○ **hulpstoffen:** Jill en Jeffrey (ze sluiten een pact aan het begin van het verhaal: "we zullen samen staan... wij tegen hen", blz. 36);
  - ○ **tegenstanders:** het schoolpersoneel, kapitein Baindesang en andere studenten;

Symbolen en andere klassieke elementen van sprookjes

- **het getal 7, een "magisch" getal:** de leerlingen ontlenen hun magische kracht aan het feit dat zij het zevende kind van een zevende kind zijn;

- **het getal 13, het "kwade" getal:** op 13-jarige leeftijd worden de leerlingen van Groosham Grange ingewijd en ontvangen zij de zwarte ring, een teken dat zij behoren tot de wereld van de magie en de kwade wereld van Skull Island;

- **het eiland:** de plaats waar de actie plaatsvindt is geïsoleerd. Het is onmogelijk om het op een kaart te vinden en het is niet verbonden met de rest van de bekende wereld. Het komt dus overeen met de onbepaalde plaatsen van de wonderlijke verhalen (b.v. "een zeer ver koninkrijk");

- **magische voorwerpen:**
  - de "zwarte ring" die leerlingen en leraren op Groosham Grange dragen (wanneer David de ring aanraakt die hij in het kantoor van Mr Kilgraw vindt, verbrandt hij zich);
  - de spiegel in de bibliotheek die dient als doorgang voor studenten die er elke nacht om middernacht doorheen gaan;
  - de zalf die ^{mevrouw} Windergast op Davids voorhoofd aanbrengt en die hem meeneemt op een droomreis;
  - de wassen pop en de naalden gebruikt om de inspecteur te doden.

- **de prachtige personages:** ^{mevrouw} Windergast, de directrice van de school, is een heks, een typische sprookjesfiguur, en ^{juffrouw} Pedicure is een heks, een typische sprookjesfiguur.

Manicheïsme

Terwijl traditionele verhalen een duidelijk verschil maken tussen goed en slecht, goed en kwaad, is dit verhaal anders omdat het weigert manicheïsch te zijn: de grens tussen deze twee begrippen is complexer en dubbelzinniger. In *Skull Island beseft* de lezer aan het eind, net als de hoofdpersoon, dat degene van wie wordt aangenomen dat hij "slecht" is, dat niet is: David brengt zijn tijd door met proberen te ontsnappen aan degenen die hem het beste wensen. Toch stonden ze al die tijd aan onze kant", blz. 171). Bovendien is het duidelijk dat de school op Skull Island, hoewel geleid door tovenaars en doordrenkt van duistere magie, aangenamer is dan de openbare scholen waarvan David, Jill en Jeffrey zijn verdreven. David verveelt zich niet in de klas, maakt vooruitgang in alle vakken en "er is geen straf" (blz. 61). De schurken, de monsters (d.w.z. de leraren), hoewel somber en in staat om de dood te brengen, zijn "nogal aardige schurken", zoals mr. Kilgraw opmerkt (p. 174). Het is waar dat de professoren de inspecteur hebben vermoord, maar ze verdedigen zich tegen hun misdaad met het argument dat ze geen andere keuze hadden omdat ze het risico liepen ontdekt te worden door de Engelse samenleving. Aan het eind van de roman zien we David opbloeien, terwijl hij zich afvraagt of hij zal kiezen voor "witte magie of zwarte magie" en liever "zijn beslissing uitstelt" (blz. 179-180). Tenslotte worden de traditioneel slechte wezens hier in een beter daglicht gesteld dan Davids ouders of de Engelse openbare scholen, die meer de 'schurken' van het verhaal zijn.

EEN INWIJDINGS ZOEKTOCHT

Een sprookje is een inwijdingsverhaal, meestal over een kind dat verschillende beproevingen overwint om volwassen te worden. De held is op een zoektocht (in dit geval naar de waarheid over Groosham Grange), maar het is in feite zijn eigen vervulling die hij zoekt. Dit is het geval in deze roman: de jonge David zal zichzelf ontdekken en vervullen aan het einde van het verhaal. De ceremonie die hij op zijn dertiende verjaardag ondergaat, is een overgangsritueel naar volwassenheid en een inwijding in de magie. De zwarte ring die hij krijgt, is het symbool van zijn nieuwe lidmaatschap van de tovenaarswereld. Hij gaat van de ene staat naar de andere: van kind naar man, van gewone sterveling naar tovenaar. Deze metamorfose wordt onderstreept door het feit dat hij zijn oorspronkelijke naam opgeeft en de naam aanneemt van een beroemde voormalige tovenaar (het verhaal zegt niet welke hij heeft gekozen).

EEN FANTASTISCH VERHAAL

Maar *Skull Island is* strikt genomen geen verhaal. Terwijl een fantastisch verhaal zich afspeelt in een onbepaalde tijd ("er was eens") en in een universum dat onmiddellijk als magisch wordt aanvaard, speelt een fantastisch verhaal zich af in een realistisch universum. De magische of bovennatuurlijke elementen die optreden staan haaks op deze realistische setting, die van het Engeland van eind twintigste eeuw: David gelooft niet in magie totdat hij de bijzonderheden van Groosham Grange en zijn bewoners ontdekt. Bovendien doet deze heksenschool er alles aan om geheim te blijven en haar ware aard te verbergen om geen argwaan te wekken bij de bevolking. Hier zijn de verschillende elementen die *Skull Island tot* een fantastisch verhaal maken:

- **fantastische wezens.** Mr. Leloup is een weerwolf, mr. Kilgraw een vampier en Miss Pedicure is onsterfelijk;

- **horror en terreur.** De roman is niet zonder angst en vrees, gevoelens die vaak voorkomen in het fantasy-genre. Sommige scènes zijn spectaculair:

  - De dood van de heer Troloin, de inspecteur van het departement, is een hoogtepunt van het verhaal dat David en Jill met stomheid slaat, zo "angstaanjagend is het tafereel" (p. 128);

  - de nachtelijke confrontatie tussen Jill, David en de weerwolf in het dichte woud van Skull Island (blz. 126-127);

  - Davids ontsnapping in de boot van kapitein Baindesang, wiens afgerukte handen aan het touw blijven hangen (p. 147).

- **verwijzingen naar fantasieliteratuur.** De auteur speelt met de codes van de fantasy-roman en verwijst naar werken of auteurs die het genre gemarkeerd hebben:

  - Gregor, de klusjesman van de school, verwijst naar Igor, de trouwe dienaar van Frankenstein of Dracula, een typische figuur in fantasieverhalen. Hij is "gruwelijk misvormd", heeft "slechts één oog", "één wang gezwollen, de andere hol" en "een zeldzame haar" (blz. 41-42). Hij noemt de leerlingen zijn "meesters";

  - Een raaf kijkt naar David aan het begin van de roman als hij zich klaarmaakt om naar Skull Island te gaan. Het is waarschijnlijk het huisdier van mevrouw Windergast. Het doet denken aan het beroemde gedicht "The Raven" (1845) van Edgar Allan Poe (Amerikaans romancier, toneelschrijver en dichter, 1809-1849), meester van het fantasy-genre;

○ De roman is ook een knipoog naar *Treasure Island* (1883) van R. L. Stevenson (Schotse schrijver, 1850-1894), een andere grote figuur in de fantasieliteratuur. De titel *Skull Island staat* dus heel dicht bij die van Stevensons roman. Het karakter van kapitein Baindesang maakt deel uit van deze verwijzing. Met een "zwarte baard" en een "massa warrig haar", uitgerust met een zwaard en een "blinddoek", draagt hij "een gouden gesp in zijn linkeroor" (p. 46) en komt hij overeen met de typische literaire figuur van de zeewolf. De verteller verwijst letterlijk naar Stevensons werk wanneer hij het personage beschrijft: "Je zou denken dat hij rechtstreeks uit *Schateiland komt*." (p. 46)

EEN HUMORISTISCHE ROMAN

The Skull Island wordt gekenmerkt door het komische register waardoor het een smakelijke hybride roman is.

De komedie van woorden

Het verhaal zit vol woordspelingen. Ze zijn te vinden in:

- **de namen van de personages**: kapitein Baindesang, de heer Kilgraw (*to kill* betekent "doden"), de heer Leloup. Elk verwijst naar een opvallend kenmerk van het personage;

- **de zinswendingen**: over de schoolhoofden, die in feite één man met twee hoofden zijn, schrijft de auteur: "Er stonden twee hoofden aan het hoofd van de school. (p. 136) Of wanneer Davids vader over zijn zoon uitroept: "Jarenlang heb ik erop gewacht dat hij in mijn voetsporen zou treden, althans in de voetsporen van mijn rolstoel, want ik kan niet lopen." (p. 24)

Karakter humor

Karakterkomedie wordt gemotiveerd door de buitensporige persoonlijkheid van een personage. Het personage wordt zo buitensporig gedreven door een ondeugd of obsessie dat het belachelijk wordt. Het karakter van Elliot's vader, in zijn domheid en buitensporig geweld, is komisch. Zijn cartooneske hang naar discipline maakt hem tot een lachwekkend en belachelijk personage.

De komedie van het gebaar

De gebarenkomedie, die veel voorkomt in het theater, is gebaseerd op de gebaren van de personages (mimiek, grimassen, vallen, klappen, struikelen, enz.) die de toeschouwer tot lachen aanzetten. Horowitz gebruikt het in zeer beeldende scènes, vooral aan het begin van de roman, in de familie Eliot: Davids arme moeder blijft zichzelf verwonden, hetzij door onhandigheid, hetzij door de klappen die haar man aanvankelijk voor haar zoon had bedoeld: hij loopt over haar heen met zijn stoel, steekt haar, slaat haar, spettert haar, duwt haar rond….

De discrepantie en het absurde

Horowitz schept er genoegen in de lezer te verrassen met talrijke effecten van breuk, van discrepantie met wat men verwacht, waardoor een komisch effect ontstaat. David schrijft in zijn dagboek over zijn lerares Engels: "Miss Pedicure heeft een perfect gebit. Het enige nadeel is dat ze ze bewaart in een glas op de hoek van haar bureau. (p. 63) Alles in Groosham Grange neemt een sombere wending: het schoolvoertuig is geen schoolbus maar een lijkwagen; de voetbal is "een opge-blazen varkensblaas" (p. 65); het huisdier van de econoom is een kraai; de leerlingen krijgen geen patat of cake maar "bloedworst" (p. 53) geserveerd als welkomstmaaltijd. De kloof die zo ontstaat tussen wat van een school wordt ver-wacht en de realiteit van Groosham Grange is komisch.

EEN SATIRE VAN DE SAMENLEVING

The Skull Island kan, onder zijn luchtige uiterlijk, gezien wor-den als een geëngageerde roman. Anthony Horowitz ver-bergt daarin een kritiek op de zelfingenomen Engelse maatschappij die hij gedurende het hele verhaal satiriseert. Zijn boodschappen worden overgebracht door middel van humor en parodische overdrijving.

Kritiek op de bourgeoisie

De bourgeoisie wordt in de roman vertegenwoordigd door Davids ouders, die karikaturaal en volstrekt onsympathiek zijn. De vader, bankier van beroep, leest de *Financial Times*. Hij zweert bij financiën en gaf zijn zoon een aktetas voor zijn achtste verjaardag en neemt hem elk jaar als kerstcadeau mee naar de beurs. Geobsedeerd door blinde en gewelddadige discipline, is hij ongevoelig en ontmenselijkt. De moeder, een huisvrouw die onderdanig is aan haar man, is dom en heeft de ongelukkige neiging om te drinken ("ze goot een klein glas wodka in haar cornflakeskom", p. 18). Het gezin leeft in een koude, absurde en kunstmatige wereld: hun tuin "geheel gevuld met plastic planten" is daar een perfect voorbeeld van (p. 28).

Kritiek op openbare scholen

Openbare scholen worden afgeschilderd als gewelddadige, onrechtvaardige en strenge instellingen waar de vrijheid tot de laatste snik wordt gesmoord. De meest vernederende straffen worden toegepast: als hij van school wordt gestuurd, knippen ze "Davids das doormidden en verven ze [zijn] jasje geel voor de hele school" (p. 13).

Feminisme

Horowitz presenteert de familie Eliot als de conservatieve familie bij uitstek. Mevrouw Eliot wordt gepest door haar man, die slecht tegen haar spreekt en haar min of meer ongewild pijn doet. Ze is het eens met alles wat hij zegt, maar zijn zachte woorden spreken haar angst voor hem tegen: "Wat is dat, liefste?" (p. 20); "Je hebt waarschijnlijk gelijk, liefste," kreunt mevrouw Eliot (p. 178). Wanneer David Jill ontmoet, een onafhankelijk, wilskrachtig meisje, kan hij niet anders dan haar vergelijken met zijn moeder en concluderen dat zij "uit de oertijd stamt" (p. 31).

Bovendien komt het feministische standpunt van de auteur tot uiting in haar karikatuur van openbare scholen voor meisjes: Jill is weggelopen van drie scholen waar haar werd geleerd "boeketten met bloemen te maken en te koken" (blz. 34) en haar ouders sturen haar naar Groosham Grange in de veronderstelling dat zij daar "manieren, borduurwerk en dergelijke kleinigheden zal kunnen leren" (blz. 34), onder het voorwendsel dat zij zich als meisje moet beperken tot het leren van huishoudelijke taken.

De moraal van het verhaal

In dit originele verhaal verrast Horowitz de lezer op een leuke manier en speelt hij met de codes van de traditionele literatuur. Hij deconstrueert zowel het manicheïsme als het morele aspect dat inherent is aan sprookjes: hij geeft de schurken hun verdiende loon in een vrolijk sombere wereld. Zoals meneer Kilgraw aan het eind van het verhaal zegt over de veronderstelde kwaadaardige wezens die Skull Island bewonen: "We hebben nooit een atoombom laten vallen, [...] nooit vervuild [...] nooit geëxperimenteerd op dieren of bezuinigd op kinderbijslag" (p. 173). Uiteindelijk is het de sterfelijke wereld, het universum van onze werkelijkheid, met name vertegenwoordigd door Davids ouders, die het echte geweld in zich draagt.

MOGELIJKHEDEN TOT BEZINNING

EEN PAAR VRAGEN OM OVER NA TE DENKEN...

- Kan dit werk beschreven worden als een inwijdingsverhaal? Motiveer je antwoord.

- Hoe kan het Schedeleiland worden vergeleken met de Onderwereld van de Grieks-Latijnse mythologie?

- Welk beeld schetst Horowitz van openbare scholen?

- Wat brengt dit werk dichter bij een prachtig sprookje?

- Zou u dit werk classificeren als een prachtig of fantastisch verhaal? Motiveer je antwoord.

- Hoe is het feit dat de heksenschool op een eiland ligt symbolisch?

- Hoe construeert Horowitz zijn humor en wat is zijn doel?

- In *Cursed Grail*, het vervolg op *Skull Island*, welke ontwikkelingen doen zich voor in het personage van David? Geef commentaar op Davids relatie met de vampier Kilgraw.

- Dit werk doet denken aan *Harry Potter* (1997-2007) van J. K. Rowling (Britse schrijfster, geboren in 1965). Vergelijk *Schedeleiland* met het eerste boek van de saga: *Harry Potter en de Steen der Wijzen*.

OM VERDER TE GAAN

REFERENTIE-UITGAVE

HOROWITZ A, *L'Île du crâne*, uit het Engels vertaald door Annick Le Goyot, Parijs, Le Livre de Poche Jeunesse, 2014, 192 p.

BENCHMARKSTUDIES

BERGSON H., *Le Rire*, Parijs, PUF, 2006, 168 p.

CHEVALIER J. en GHEERBRANT A., *Dictionnaire des Symboles*, Parijs, Robert Laffont, 1969.

HOROWITZ A., *Maudit Graal*, uit het Engels vertaald door Annick Le Goyot, Parijs, Le Livre de Poche Jeunesse, 2014, 192 p.

NOURISSIER F. en BIAISI P.-M. DE, *Dictionnaire des genres et notions littéraires*, Parijs, Albin Michel, 2001.

POE E. A., « Le Corbeau », in *L'Intégrale illustrée*, Parijs, Archipoche, coll. "Bibliothèque des Classiques", 2015, 850 p.

STEVENSON R. L., *Schateiland*, Parijs, Flammarion, 2010, 392 blz.

ZIPES J., *The Oxford Encyclopedia of Children's Literature*, Oxford, Oxford University Press, vol. II, 2006.

We horen graag van jou! Laat
een reactie achter op jouw online bibliotheek
en deel je favoriete boeken op social media!

De uitgever garandeert de betrouwbaarheid van de gepubliceerde
informatie, die echter niet onder zijn verantwoordelijkheid valt.

www.50minutes.com

Master ISBN: 9782808687829
Papier ISBN: 9782808699228
Wettelijk depot: D/2023/12603/1202

Omslag: © Primento

Digitaal ontwerp: Primento, de digitale partner van uitgevers.